अनुबंध कानून का परिचय

शिव प्रसाद बोस

यह पुस्तक भारत के संविधान को समर्पित है, जो वह स्रोत है जिससे भारत के सभी कानून निकलते हैं।

क्रम-सूची

प्रस्तावना

अनुबंध कानून कानून की एक महत्वपूर्ण शाखा है जो अनुबंधों को नियंत्रित करती है। वे सभी वाणिज्यिक लेनदेन के लिए आवश्यक हैं।

इस पुस्तक में, हम एक अनुबंध के अर्थ, अनुबंध कानून के इतिहास और भारत में महत्वपूर्ण कानूनों पर चर्चा करते हैं जो अनुबंधों को नियंत्रित करते हैं। कानूनों में भारतीय अनुबंध अधिनियम और माल की बिक्री अधिनियम शामिल हैं। हम वैध या अमान्य अनुबंध की शर्तों, अनुबंध के तत्वों और कुछ विशेष प्रकार के अनुबंधों पर भी चर्चा करते हैं।

यह आशा की जाती है कि यह पुस्तक इच्छुक लोगों को भारत में अनुबंध कानून से परिचित कराने में मदद कर सकती है।

पावती (स्वीकृति)

इस पुस्तक को लिखते समय, हमने अनुबंध कानूनों से संबंधित निम्नलिखित स्रोतों का अध्ययन किया है:

- LexisNexis. Mulla. The Indian Contract Act by Dindhaw Fardunji Mulla. Edition 2021
- Encyclopedia Britannica. Contract law. https://www.britannica.com/topic/contract-law
- John D Calamari and JM Perillo. Contracts. Black Letter Outlines, Fifth edition. Thomson Reuters.

1
अनुबंध क्या है

इस अध्याय में, हम अनुबंध और अनुबंध कानून की अवधारणा पर संक्षेप में चर्चा करते हैं।

1.1 अनुबंध क्या है

अनुबंध दो या दो से अधिक व्यक्तियों के बीच मूल्य के कुछ आदान-प्रदान के लिए एक समझौता है। अनुबंध में प्रत्येक व्यक्ति कानूनी रूप से वह करने के लिए बाध्य है जिसका वादा किया गया है। एक पार्टी जो सहमत वादे को पूरा करने में विफल रहती है, ने अनुबंध का उल्लंघन किया है।

जब हम कुछ खरीदने के लिए सहमत होते हैं, तो हम अनिवार्य रूप से एक कानूनी अनुबंध बनाते हैं। उदाहरण के लिए, A 10 रुपये का भुगतान करने पर B से साबुन की एक बार खरीदना बिक्री का अनुबंध है। अनुबंध का कानून हमारे दैनिक जीवन के कई हिस्सों के लिए प्रासंगिक है, और उपभोक्ताओं के रूप में खुद को बचाने के लिए अनुबंधों को समझना महत्वपूर्ण है।

दो पक्षों के बीच एक अनुबंध को एक पक्ष द्वारा प्रस्ताव देने और दूसरे पक्ष द्वारा प्रस्ताव को अपनी सहमति देने के साथ चिह्नित किया जाता है। किए गए प्रस्ताव को दूसरे पक्ष द्वारा भी अस्वीकार किया जा सकता है, या एक काउंटर ऑफ़र किया जा सकता है, जिसकी स्वीकृति एक और कानूनी रूप से बाध्यकारी अनुबंध बनाएगी।

अनुबंध कानून अनुबंध की परिभाषा, अनुबंध के तत्व, वैधता और अनुबंध की अवधि, किसी भी पक्ष द्वारा अनुबंध को तोड़ने पर परिणाम और इसी तरह के मुद्दों से संबंधित है। भारत में, अनुबंध कानून माल की बिक्री अधिनियम 1930 और भारतीय अनुबंध अधिनियम 1872 द्वारा निर्दिष्ट किया गया है।

1.2 अनुबंध के विभिन्न अर्थ

विभिन्न स्रोतों से लिए गए अनुबंध के अर्थ इस प्रकार हैं:

- एक समझौता जो कानून द्वारा प्रवर्तनीय है एक अनुबंध है: भारतीय अनुबंध अधिनियम 1872
- एक वैध विचार या पाठ्यक्रम के साथ दो या दो से अधिक व्यक्तियों के बीच एक लागू करने योग्य वाचा या समझौता (टॉमलिन)
- वित्त और निवेश के शब्दकोश से: अनुबंध एक समझौता है जिसके द्वारा वैध विचार के लिए अधिकार या कृत्यों का आदान-प्रदान किया जाता है। वैध होने के लिए, इसे सक्षम पार्टियों द्वारा दर्ज किया जाना चाहिए, एक कानूनी और नैतिक लेनदेन को कवर करना चाहिए, और इसमें पारस्परिकता होनी चाहिए। वित्त और निवेश में अनगिनत लेनदेन अनुबंधों द्वारा कवर किए जाते हैं।
- हालांकि एक अनुबंध की पूर्ण और सार्वभौमिक रूप से सही परिभाषा देना शायद असंभव है, सबसे आम तौर पर स्वीकृत परिभाषा है: एक वादा या वादों का एक सेट जिसे कानून लागू करेगा। अभिव्यक्ति "अनुबंध" का प्रयोग निम्नलिखित में से किसी एक या सभी का वर्णन करने के लिए किया जा सकता है:

a. वादों या कृत्यों की श्रृंखला जो अनुबंध करते हैं
b. दस्तावेज़ या दस्तावेज़ जो अनुबंध का गठन करते हैं
c. उस श्रृंखला या वादे या कृत्यों या अनुबंध में उल्लिखित उनके प्रदर्शन को बनाने या प्रमाणित करने वाले दस्तावेज या दस्तावेज
d. कृत्यों की उस श्रृंखला के परिणामस्वरूप कानूनी संबंध

(हैलिसबरी, चौथा संस्करण, खंड 9, पैरा 201, पृष्ठ 80)
अनुबंधों को उनके कार्य के तरीके के अनुसार तीन वर्गों में विभाजित किया गया है:

- रिकॉर्ड के अनुबंध
- मुहर के तहत अनुबंध
- सरल अनुबंध

2

अनुबंध कानून का इतिहास

इस अध्याय में, हम अनुबंध कानून के इतिहास और इसके विकास के बारे में संक्षेप में चर्चा करेंगे। किसी देश में वाणिज्य के फलने-फूलने के लिए एक ऐसा माहौल होना जहां अच्छी तरह से परिभाषित अनुबंध कानून मौजूद हैं और राज्य द्वारा संरक्षित हैं, आवश्यक है।

2.1 रोमन युग में अनुबंध कानून

रोमन कानून, जिसे छठी शताब्दी ईस्वी में सम्राट जस्टिनियन द्वारा संहिताबद्ध किया गया था, में अनुबंधों की अवधारणा थी।

उनके पास एक वैध अनुबंध के तीन घटक थे, अर्थात् अनुबंधित वस्तु, वस्तु की कीमत और पार्टियों के बीच समझौता या सहमति। समझौता मौखिक या लिखित रूप में हो सकता है।

रोमन कानून ने विभिन्न प्रकार के अनुबंधों की भी अनुमति दी, जिनमें शामिल हैं: बिक्री-खरीद, किराया, दो या दो से अधिक लोगों के बीच साझेदारी और निर्देशों पर कार्य करना। सभी प्रकार के अनुबंध कानून द्वारा प्रवर्तनीय थे।

2.2 मध्य युग में अनुबंध कानून

यूरोप में रोमन साम्राज्य के पतन के बाद मध्य युग में, अनुबंध कानून एक प्रारंभिक रूप में जारी रहा। हालाँकि 13 वीं शताब्दी के आसपास जैसे ही इतालवी शहर के राज्यों और अन्य जगहों पर व्यापार का विकास शुरू हुआ, अनुबंध कानून के आधार पर व्यापारियों के बीच विवादों को सुलझाने के लिए व्यापारिक अदालतों का गठन किया गया।

2.3 अंग्रेजी आम कानून के तहत अनुबंध

अंग्रेजी आम कानून मुख्य रूप से की अवधारणा पर केंद्रित था

- ऋण, जो कि बकाया राशि की एक निश्चित राशि से संबंधित है जो वसूली योग्य थी
- वाचा, किए गए एक वादे से संबंधित

आधुनिक समय में, अनुबंधों के सामान्य कानून संस्करण में प्रस्ताव, स्वीकृति, विचार और पार्टियों के बीच स्वैच्छिक और आपसी इरादे को समझौते से बाध्य होना शामिल था।

2.4 कैथोलिक चर्च के कैनन कानून के तहत अनुबंध

मध्य युग के दौरान यूरोप में कैथोलिक चर्च के कैनन कानून में भी अनुबंधों का एक संस्करण था। इसकी धारणा थी कि वादों को बाध्यकारी या लैटिन में "पैक्टा सन सर्वंडा" होना चाहिए।

2.5 इस्लामी कानून के तहत अनुबंध

इस्लामी कानून में भी अनुबंधों की धारणा थी। इस्लामी कानून के तहत, अनुबंध के चार तत्व थे, अर्थात् खरीदार, विक्रेता, अनुबंध की विषय वस्तु ("मकुद अलैह") और अनुबंध का रूप ("सिगाह") जिसमें प्रस्ताव और स्वीकृति शामिल थी। भारत और अरब दुनिया में रेशम मार्ग जैसे व्यापारिक मार्गों में, मध्य युग में विकसित "हवाला" प्रणाली नामक मूल्य हस्तांतरण की एक अनौपचारिक प्रणाली विकसित हुई। यह हवाला पद्धति आज भी भारतीय उपमहाद्वीप के कुछ हिस्सों और मध्य पूर्व में उपयोग में है।

2.6 ब्रिटिश भारत में अनुबंध

भारत में ब्रिटिश शासन के परिणामस्वरूप इंग्लैंड की प्रणाली के समान सामान्य कानून पर आधारित एक अदालत प्रणाली का विकास हुआ। अनुबंधों को नियंत्रित करने वाला मुख्य कानून भारतीय अनुबंध अधिनियम 1872 था।

2.7 अन्य देशों में अनुबंध कानून

यूके और इसके पूर्व उपनिवेश जैसे संयुक्त राज्य अमेरिका, कनाडा और ऑस्ट्रेलिया विभिन्न अदालतों द्वारा बनाई गई कानूनी मिसालों के आधार पर सामान्य कानून प्रणाली का पालन करते हैं।

विशेष रूप से, संयुक्त राज्य अमेरिका के विभिन्न राज्यों में मिसालों का एक अलग सेट हो सकता है और इसलिए कानून के थोड़ा अलग संस्करण या व्याख्याएं हो सकती हैं। यूएसए एक समान वाणिज्यिक कोड या यूसीसी (UCC) का अनुसरण करता है। इसका अनुबंध कानून एक प्रस्ताव के सिद्धांतों और प्रस्ताव की स्वीकृति, प्रस्ताव के लिए विचार और प्रोमिसरी एस्टॉपेल पर आधारित है जो अनुबंध का उल्लंघन होने पर निर्णय लेने के लिए कार्रवाई का कारण है।

जर्मनी जैसे यूरोपीय देश आम तौर पर नागरिक कानून प्रणाली का पालन करते हैं जो रोमन कानून से ली गई है जिसे सम्राट जस्टिनियन द्वारा प्रतिपादित किया गया था। यूरोप के विभिन्न देशों में मॉडल नियमों का एक सामान्य सेट है जिसे यूरोपीय अनुबंध कानून (PECL) के सिद्धांत कहा जाता है, जिस पर अलग-अलग देशों के अनुबंध कानून आधारित होते हैं।

3

भारतीय अनुबंध अधिनियम 1872

इस अध्याय में हम भारतीय अनुबंध अधिनियम पर चर्चा करते हैं, जो भारत में अनुबंधों को नियंत्रित करने वाला प्रमुख कानून है। यह उस समय भारत के ब्रिटिश शासकों द्वारा लाया गया था और यह ब्रिटेन में उपयोग में आने वाले समान कानूनों पर आधारित है।

3.1 भारतीय अनुबंध अधिनियम 1872 का परिचय

THE INDIAN CONTRACT ACT, 1872
ACT No. 9 OF 1872[1]

[*25th April*, 1872.]

Preamble—WHEREAS it is expedient to define and amend certain parts of the law relating to contracts;

It is hereby enacted as follows:—

PRELIMINARY

1. Short title.—This Act may be called the Indian Contract Act, 1872.

Extent, Commencement.—It extends to the whole of India [2][except the State of Jammu and Kashmir]; and it shall come into force on the first day of September, 1872.

Saving—[3]*** Nothing herein contained shall affect the provisions of any Statute, Act or Regulation not hereby expressly repealed, nor any usage or custom of trade, nor any incident of any contract, not inconsistent with the provisions of this Act.

2. Interpretation-clause.—In this Act the following words and expressions are used in the following senses, unless a contrary intention appears from the context:—

(*a*) When one person signifies to another his willingness to do or to abstain from doing anything, with a view to obtaining the assent of that other to such act or abstinence, he is said to make a proposal;

---

1. For the Statement of Objects and Reasons for the Bill which was based on a a report of Her Majesty's Commissioners appointed to prepare a body of substantive law for India, dated 6th July, 1866, *see* Gazette of India, 1867 Extraordinary, p. 34; for

चित्र: भारतीय अनुबंध अधिनियम 1872 का पहला पृष्ठ

भारतीय अनुबंध अधिनियम 1872 भारत में अनुबंध कानून को परिभाषित करने वाला मुख्य अधिनियम है। यह उन परिस्थितियों को बताता है जिनमें भारतीय कानून में दो या दो से अधिक पक्षों के बीच एक अनुबंध लागू किया जा सकता है।

3.2 भारतीय अनुबंध अधिनियम 1872 के अनुसार अनुबंध के तत्व

भारतीय अनुबंध अधिनियम 1872 के अनुसार कानूनी रूप से बाध्यकारी अनुबंध में निम्नलिखित तत्व होने चाहिए:

- प्रस्ताव: एक पक्ष द्वारा एक प्रस्ताव होना चाहिए।
- स्वीकृति: प्रस्ताव किसी अन्य पक्ष द्वारा स्वीकार किया जाना चाहिए। कानून कुछ कार्यों से स्वीकृति का अनुमान लगाता है, जैसे किसी संपर्क पर हस्ताक्षर करना या सौदेबाजी की शर्तों को पूरा करना शुरू करना।
- वादा: जब प्रस्ताव स्वीकार कर लिया जाता है, तो यह एक वादा बन जाता है, जो कानूनी रूप से लागू करने योग्य होता है। वादा एक विशिष्ट व्यक्ति को निर्देशित किया जाना चाहिए, जो वादा स्वीकार करता है।
- विचार (प्रतिफल): यह वादे के लिए भुगतान की गई कीमत को संदर्भित करता है। प्रत्येक वैध अनुबंध में प्रतिफल का आदान-प्रदान होना चाहिए। इसका मतलब यह है कि मूल्य का कुछ मूल्य के कुछ और के लिए दिया जाता है। उदाहरण के लिए, यदि आप किसी स्टोर पर कपड़े खरीदते हैं, तो आपका विचार भुगतान किया जा रहा पैसा है और व्यापारी का विचार वह वस्तु है जिसे खरीदा जा रहा है। दो वस्तुओं का मूल्य हमेशा समान नहीं होता है, और कानून उपभोक्ताओं को अच्छे सौदे और बुरे सौदे दोनों करने की अनुमति देता है। भारतीय अनुबंध अधिनियम के अनुसार, एक वैध प्रतिफल तब मौजूद होता है जब "जब वचनकर्ता की इच्छा पर, दूसरे व्यक्ति ने कुछ किया है या करने से परहेज किया है, या कुछ करने या करने से दूर रहने का वादा किया है।"
- समझौता: वादे के लिए प्रतिफल के साथ किए गए वादे को समझौता कहा जाता है।
- शून्य अनुबंध: एक शून्य अनुबंध एक अनुबंध है जो कानून द्वारा लागू करने योग्य नहीं है।
- अनुबंध करने वाले लोगों को अनुबंध करने के लिए कानूनी रूप से सक्षम होना चाहिए। उदाहरण के लिए, वे मानसिक रूप से बीमार या नशे में नहीं हो सकते हैं, या अनुबंधों के लिए न्यूनतम आयु से कम नहीं हो सकते हैं।
- प्रदर्शन: यह अनुबंध के हिस्से के रूप में पार्टियों द्वारा दायित्वों की पूर्ति को संदर्भित करता है।

- अनुबंध की समाप्ति: एक अनुबंध को या तो दायित्वों के प्रदर्शन पर, पार्टियों के बीच आपसी समझौते से, सीमा अधिनियम के अनुसार समय की चूक से, मृत्यु, दिवालियेपन, या अनुबंध में परिवर्तन, या अनुबंध का उल्लंघन द्वारा समाप्त किया जा सकता है।
- अनुबंध का उल्लंघन: यह किसी भी पार्टी द्वारा दायित्वों को पूरा करने में विफलता के कारण होता है। प्रभावित पक्ष अदालत में उल्लंघन करने वाले पक्ष पर मुकदमा कर सकता है। उपलब्ध उपचारों में नुकसान, अनुबंध की समाप्ति, अनुबंध का विशिष्ट प्रदर्शन या अन्य उपाय जैसे निषेधाज्ञा शामिल हैं। अदालतों द्वारा हर्जाना इस तरह से दिया जाता है ताकि उस स्थिति को बहाल किया जा सके जो मूल अनुबंध सफलतापूर्वक किया गया था।

3.3 भारतीय अनुबंध अधिनियम के अनुसार वैध प्रस्ताव और प्रस्ताव के प्रकार
प्रस्ताव विभिन्न प्रकार के हो सकते हैं जैसे:

- एक्सप्रेस प्रस्ताव, जो स्पष्ट रूप से लिखित रूप में या भाषण के माध्यम से दिया जाता है।
- निहित प्रस्ताव जो पार्टियों के आचरण से समझा जाता है।
- जनता के लिए सामान्य प्रस्ताव या किसी पार्टी को विशिष्ट प्रस्ताव।
- निरंतर प्रस्ताव: कुछ समय के लिए खुला रखा गया।
- उस व्यक्ति द्वारा किया गया प्रतिप्रस्ताव जिसे प्रारंभ में पेश किया गया है।

एक वैध प्रस्ताव की विशेषताएं इस प्रकार हैं:

- प्रस्ताव कुछ शर्तों में होना चाहिए और अस्पष्ट नहीं होना चाहिए।
- यह लिखित, बोली जाने वाली या निहित, सामान्य या विशिष्ट, निरंतर या समयबद्ध हो सकती है।
- प्रस्ताव सूचित किया जाना चाहिए।
- यह सिर्फ इरादे का बयान नहीं होना चाहिए।
- स्वीकृति से पहले प्रस्ताव को रद्द किया जा सकता है, लेकिन एक बार स्वीकार कर लेने के बाद यह कानूनी रूप से बाध्यकारी हो जाता है। इसे या तो स्पष्ट रूप से या निहित रूप से अस्वीकार किया जा सकता है।

3.4 भारतीय अनुबंध अधिनियम के अनुसार स्वीकृति
भारतीय अनुबंध अधिनियम के अनुसार अनुबंध की स्वीकृति के नियम इस प्रकार हैं:

- पूर्ण और अयोग्य: किसी पार्टी द्वारा किसी प्रस्ताव की स्वीकृति पूर्ण और अयोग्य होनी चाहिए। उदाहरण के लिए, पार्टी द्वारा पेशकश की गई कीमत से भिन्न मूल्य पर आइटम खरीदने के लिए कोई प्रति-प्रस्ताव नहीं होना चाहिए।
- संप्रेषित: प्रस्ताव देने वाले पक्ष को लिखित या मौखिक रूप में स्वीकृति की सूचना दी जानी चाहिए।

- मोड: स्वीकृति निर्धारित मोड में होनी चाहिए। यदि नहीं, तो प्रस्तावक इसे स्वीकार करने वाले व्यक्ति को सूचित कर सकता है कि स्वीकृति निर्धारित मोड के अनुसार नहीं है जैसे कि लिखित या मौखिक या ईमेल।
- समय सीमा: स्वीकृति एक विशिष्ट समय सीमा के भीतर और प्रस्ताव के समाप्त होने से पहले की जानी चाहिए।
- प्रस्ताव के बाद स्वीकृति: स्वीकृति प्रस्ताव के बाद ही हो सकती है, पहले नहीं।
- किसी एक पक्ष की चुप्पी को स्वीकृति नहीं माना जा सकता।
- स्वीकृति स्पष्ट रूप से भाषण या लिखित रूप में दी जानी चाहिए, या प्रस्ताव के स्वीकर्ता के कार्यों द्वारा निहित होनी चाहिए।
- स्वीकृति प्रस्ताव की सभी शर्तों की होनी चाहिए, न कि केवल कुछ शर्तों की।

3.5 भारतीय अनुबंध अधिनियम के अनुसार वैध विचार

भारतीय अनुबंध अधिनियम के अनुसार वैध विचार के नियमों में निम्नलिखित शामिल हैं:

- वचनकर्ता की इच्छा या अनुरोध पर कार्रवाई होनी चाहिए। यदि वचनदाता द्वारा स्पष्ट रूप से इसके लिए अनुरोध किए बिना कार्रवाई की गई है, तो कोई प्रतिफल देय नहीं है।

- विचार वास्तविक होना चाहिए न कि भ्रामक।
- प्रतिफल का कानून के अनुसार कुछ मूल्य होना चाहिए।
- विचार भूत, वर्तमान या भविष्य में हो सकता है।
- वचनबद्धता से दूसरे व्यक्ति पर विचार किया जा सकता है।
- किसी दी गई वस्तु के मूल्य में प्रतिफल का पर्याप्त या समान होना आवश्यक नहीं है। केवल इतना आवश्यक है कि उसका कुछ मूल्य हो।

अवैध विचार के नियम इस प्रकार हैं:

- प्रतिफल कुछ ऐसा नहीं होना चाहिए जो वादा करने वाला पहले से ही करने के लिए बाध्य हो।

- कानून द्वारा विचार वर्जित नहीं होना चाहिए।
- विचार में किसी व्यक्ति को चोट नहीं पहुंचनी चाहिए।
- विचार अनैतिक, कपटपूर्ण या सार्वजनिक नीति के विरुद्ध नहीं होना चाहिए।

3.6 भारतीय अनुबंध अधिनियम के अनुसार अनुबंध करने के लिए सक्षम व्यक्ति
अनुबंध करने के लिए सक्षम व्यक्तियों में निम्नलिखित शामिल हैं:

- कानून के अनुसार व्यक्ति नाबालिग नहीं होना चाहिए।
- उन्हें दिवालिया नहीं होना चाहिए।
- अनुबंध करते समय उन्हें विकृत दिमाग का नहीं होना चाहिए, जैसे मानसिक रूप से बीमार या नशे में।

- उन्हें कानून द्वारा अनुबंध करने से अयोग्य नहीं ठहराया जाना चाहिए, जैसे कि एक अपराधी, या विदेशी दुश्मन।
- उन्हें अपनी मर्जी और सहमति से अनुबंध करना चाहिए, और जबरदस्ती, अनुचित प्रभाव, धोखाधड़ी या गलत बयानी के अधीन नहीं होना चाहिए।

3.7 भारतीय अनुबंध अधिनियम के अनुसार अनुबंध का निष्पादन
एक अनुबंध का प्रदर्शन दायित्वों की पूर्ति है। प्रदर्शन तत्काल या विलंबित या समयबद्ध हो सकता है। यह एक पक्ष द्वारा किया जा सकता है या दोनों पक्षों के लिए पारस्परिक हो सकता है। उस पार्टी द्वारा प्रदर्शन की मांग की जा सकती है जिसके लिए दायित्व का वादा किया गया है या उनके उत्तराधिकारियों या कानूनी प्रतिनिधियों द्वारा।
अनुबंध अधिनियम की धारा 37 इस प्रकार है:
अनुबंध के लिए पार्टियों की बाध्यता:
किसी अनुबंध के पक्षकारों को या तो अपने-अपने वादों को पूरा करना चाहिए, या उन्हें पूरा करने की पेशकश करनी चाहिए, जब तक कि इस तरह के प्रदर्शन को इस अधिनियम या किसी अन्य कानून के प्रावधानों के तहत माफ नहीं किया जाता है।
वादों के प्रदर्शन से पहले ऐसे वचनदाताओं की मृत्यु के मामले में वचनदाताओं के प्रतिनिधियों को बाध्य किया जाता है, जब तक कि अनुबंध से विपरीत आशय प्रकट न हो।
3.8 एजेंसी
कानून के अनुसार, अनुबंध या तो दोनों पक्षों के बीच सीधे किया जा सकता है या उन व्यक्तियों (एजेंटों) द्वारा किया जा सकता है जो पार्टियों (प्रिंसिपल, प्रधान) की ओर से कार्य करने के लिए कानूनी रूप से अधिकृत और सक्षम हैं।
एजेंसी निम्नलिखित में से किसी भी तरीके से समाप्त हो सकती है:

- यदि प्रिंसिपल एजेंट की एजेंसी को रद्द कर देता है
- यदि एजेंट स्वयं अपनी एजेंसी का त्याग करता है
- यदि एजेंट का व्यवसाय पूरा हो गया है
- यदि प्रिंसिपल (प्रधान) को दिवालिया घोषित कर दिया जाता है।

4

अनुबंधों में धोखाधड़ी, जबरदस्ती और अनुचित प्रभाव

इस अध्याय में हम उन शर्तों पर चर्चा करते हैं जो एक अनुबंध में धोखाधड़ी, जबरदस्ती या अनुचित प्रभाव का गठन करती हैं। यदि इनमें से कोई भी शर्त सिद्ध होती है, तो अनुबंध रद्द किया जा सकता है।

4.1 अनुबंध में धोखाधड़ी

शब्दकोशों और निर्णयों से धोखाधड़ी की कुछ परिभाषाएँ इस प्रकार हैं:

- धोखाधड़ी एक जानबूझकर धोखा देने का एक कार्य है, जो किसी दूसरे का अनुचित लाभ उठाकर कुछ हासिल करने के डिजाइन के साथ है। दूसरे के नुकसान से लाभ पाने के लिए यह धोखा है। यह एक धोखा है जिसका फायदा पाने का इरादा है [SP Chengalvanya v Jagannath AIR 1994 SC 853]।

- धोखाधड़ी एक ऐसे तथ्य के बारे में प्रतिनिधित्व की एक जानबूझकर सक्रिय भूमिका से उत्पन्न होती है जिसे वह असत्य होना जानता है, फिर भी वह इसे सच मानने का आश्वासन देकर प्रत्याशी को गुमराह करने में सफल होता है। धोखेबाज बनने का प्रतिनिधित्व इस तथ्य के साथ किया जाना चाहिए कि यह गलत था [Shristi v Shaw Bros. AIR 1992 SC 1555]।

- धोखाधड़ी एक गलत गलत ब्योरा है, जो इस बात से अवगत है कि यह दूसरे को गुमराह करने के इरादे से असत्य था जो इस पर अपने पक्षपात और प्रतिवादी के लाभ के लिए कार्य कर सकता है [State of Maharashtra v Buddhikota AIR 1989 SC 2292]।

- वेबस्टर का तीसरा नया अंतर्राष्ट्रीय शब्दकोश - इक्विटी में धोखाधड़ी को अधिनियम या छुपाने के लिए एक अधिनियम या चूक के रूप में परिभाषित किया गया है जिसके द्वारा एक व्यक्ति दूसरे पर विवेक के खिलाफ लाभ प्राप्त करता है या जो इक्विटी या सार्वजनिक नीति दूसरे के लिए पूर्वाग्रह के रूप में मना करता है।
- ब्लैक का लॉ डिक्शनरी - धोखाधड़ी को सत्य के एक जानबूझकर विकृति के रूप में परिभाषित किया गया है ताकि उस पर निर्भरता में किसी अन्य को प्रेरित करने के उद्देश्य से उसे किसी मूल्यवान चीज से जोड़ा जा सके या कानूनी अधिकार का समर्पण किया जा सके; इस बात का गलत प्रतिनिधित्व कि क्या शब्दों या आचरण से, झूठे या भ्रामक आरोपों से, या उस बात को छुपाने से, जिसका खुलासा होना चाहिए था, जो धोखा देती है और दूसरे को धोखा देने का इरादा रखती है ताकि वह उस पर कानूनी चोट करे।
- इंग्लैंड का हैलिस्बरी कानून - एक प्रतिनिधित्व माना जाता है कि यह गलत है और इसलिए एक गलत बयानी है, अगर यह पदार्थ में झूठी थी और वास्तव में भी।
-

यद्यपि यह कहना बिल्कुल सही नहीं है कि धोखाधड़ी को एक आपराधिक आरोप की सख्ती के साथ साबित किया जाना चाहिए, इसमें कोई संदेह नहीं है कि इसे स्थापित करने के लिए बहुत अधिक प्रमाण की आवश्यकता होती है [William and Mortimer 16th Ed p 173].

धोखाधड़ी, सभी मामलों में, किसी के हिस्से पर एक विलक्षण कार्य का अर्थ है, जिसके तहत दूसरे को अवैध या असमान साधनों से वंचित करने की मांग की जाती है, जिसके लिए वह हकदार है। [Green v Nixon (1857) 23 Bear 530].

धोखाधड़ी को अनुबंध अधिनियम (Contract Act) की धारा 17 में परिभाषित किया गया है जो कि एक स्पष्टीकरण है।

धोखाधड़ी या तो वास्तविक या रचनात्मक है। वास्तविक धोखाधड़ी को दो भागों में विभाजित किया गया है:

- गलत बयानी
- छिपाव

गलत बयानी एक भौतिक तथ्य है और जिस व्यक्ति को धोखा दिया गया है, वह इस पर निर्भर या कार्य करता होगा।

संकल्पीकरण (जिसे सप्रेसियो वेरी कहा जाता है) किसी वस्तु के तथ्य का दमन या रोक है, किसी तथ्य का, जिसका खुलासा करने के लिए एक पक्ष दूसरे के प्रति कानूनी कर्तव्य के अधीन था। [Turner v Green (1895) 2 CH 205, AIR 1953 SC 163, AIR 1956 MB 246, 249].

धोखाधड़ी का प्रभाव: किसी भी प्रसंस्करण या लेनदेन पर धोखाधड़ी का प्रभाव यह है कि यह एक अशक्तता बन जाता है। यहां तक कि सबसे गंभीर कार्यवाही यदि उन्हें धोखाधड़ी से प्रेरित किया जाता है, तो वे अशक्त हैं। इस तरह की प्रकृति और इसका परिणाम होने के नाते, कानून को न केवल इसके बारे में सख्त दलील देने की जरूरत है, बल्कि इसके सख्त सबूत भी हैं।

यदि किसी अनुबंध में धोखाधड़ी साबित हो जाती है, तो प्रभावित पक्ष इसे शून्य बना सकता है, या धोखाधड़ी करने वाले पक्ष से हर्जाने के लिए आवेदन कर सकता है, या मूल अनुबंध के प्रदर्शन पर जोर दे सकता है।

4.2 अनुबंध में जबरदस्ती

मजबूरी शारीरिक बल या शारीरिक बल का खतरा हो सकती है, या यह आर्थिक शक्ति के अनुचित उपयोग के साथ दूसरे को दूसरे की इच्छाओं को प्रस्तुत करने के लिए मजबूर करने के लिए किया जा सकता है [Black's Law Dictionary]।

जबरदस्ती कई प्रकार के रूप लेती है, लेकिन इसे निम्न प्रकार से परिभाषित किया जा सकता है: जैसे ही कोई व्यक्ति किसी अन्य व्यक्ति को किसी ऐसी चीज से प्रभावित करने की धमकी देता है जिसे वह अपने पास रखता है या उसे वह लाभ प्राप्त करने से रोकता है जो उसे सामान्य रूप से प्राप्त होता है, ज़बरदस्ती बन जाता है और अनुनय या विचार करना बंद कर देता है। [Ellis v Barker (1871) 40 LJ Ch 603/607].

जबरदस्ती को अनुबंध अधिनियम 1872 की धारा 15 द्वारा "कानून (IPC) द्वारा निषिद्ध या किसी भी व्यक्ति को किसी भी व्यक्ति को किसी भी संपत्ति के पूर्वाग्रह के लिए किसी भी संपत्ति को रोकने या धमकी देने या किसी भी व्यक्ति को किसी भी प्रकार के पूर्वाग्रह के लिए धमकी देने के रूप में परिभाषित किया गया है। एक समझौते में प्रवेश करने के लिए।" यह परिभाषा का पहला भाग है जो ठीक से लागू होगा। कानून की नजर में अनुचित प्रभाव का गठन करने के लिए, जबरदस्ती होनी चाहिए।

जबरदस्ती के उदाहरण इस प्रकार हैं:

i. आत्महत्या करने की धमकी देना जबरदस्ती है [AIR 1969 Cal 293].
ii. (कॉन्ट्रैक्ट एक्ट की धारा 72 में दिए गए ज़ब्त को सामान्य अर्थों में समझा जाना चाहिए। इसमें हर तरह की अनिवार्यता शामिल है, भले ही यह अनुबंध अधिनियम की धारा 15 के तहत परिभाषा तक न मापे [AIR 1969 MYS 230]

4.3 अनुबंध में अनुचित प्रभाव

अनुचित प्रभाव शक्ति या विश्वास का अनुचित उपयोग है जो किसी व्यक्ति को स्वतंत्र इच्छा से वंचित करता है और किसी अन्य उद्देश्य को प्रतिस्थापित करता है [ब्लैक का नियम शब्दकोश: 8 वां संस्करण]।

अनुचित प्रभाव में कोई भी प्रभाव शामिल होता है जिसमें स्वतंत्र और जानबूझकर निर्णय लेने की कवायद बंद हो जाती है। विपरीत प्रभाव तब तक माना जाता है जब पार्टियों का संबंध ऐसा होता है कि एक दूसरे की गोपनीय सलाह का हकदार होता है। उदाहरण हैं, एक ट्रस्टी और ट्रस्ट के, क्लाइंट और सॉलिसिटर के मामले में, एक ऐसे माता-पिता के साथ, जो पहले बच्चे की उम्र का हो चुका है। गोपनीय संबंधों के अन्य मामलों में, अनुबंध से बचने की मांग करने वाली पार्टी को अनुचित प्रभाव साबित करना चाहिए [Sutton and Shannon on Contracts 6th Edition].

हर प्रभाव को अनुचित नहीं ठहराया जा सकता है। एक रिसीवर अपील कर सकता है और दानकर्ता को उसे उपहार देने के लिए राजी कर सकता है।

इस तरह की अपील और अनुनय को अनुचित प्रभाव के रूप में चित्रित नहीं किया जा सकता है, बशर्ते कि दाता मानसिक क्षमता को बनाए रखता है। एक दान का संभावित प्राप्तकर्ता दाता से अपील कर सकता है और उसे उपहार देने के लिए राजी कर सकता है। [Takri Devi v Rama AIR 1984 HP 11, 15, Subhas v Ganga Prasad AIR 1967 SC 878, Afsar v Solamn AIR 1976 SC 163].

अनुचित प्रभाव का मतलब कुछ की उपस्थिति से है, अगर परीक्षक के निर्णय को आश्वस्त किए बिना महत्वाकांक्षा पर काबू पाने के लिए अभ्यास किया जाता है, हालांकि किसी भी बल का उपयोग या धमकी नहीं दी जाती है। परीक्षार्थी की महत्वाकांक्षा पर बल देते हुए, ज़बरदस्ती का सकारात्मक प्रमाण होना चाहिए।

अनुचित प्रभाव अनुबंध अधिनियम (कॉन्ट्रैक्ट एक्ट) 1872 की धारा 16 में परिभाषित, वह संबंध है जो उन पक्षों के बीच निर्वाह करता है जिनके द्वारा एक पक्ष दूसरे की इच्छा पर हावी होने की स्थिति में है और उस स्थिति का उपयोग उस पर एक अनुचित लाभ प्राप्त करने के लिए करता है [AIR 1996 Ker 64, AIR 1956 MB 246, AIR 1960 Cal 551, AIR 1979 SC 1431, Barry and Butler – AIR 1976 Cal 377, AIR 1955 SC 363, AIR 1968 SC 964].

5

अमान्य और अप्रवर्तनीय अनुबंध

इस अध्याय में हम उन शर्तों पर चर्चा करते हैं जो भारतीय अनुबंध अधिनियम के अनुसार अनुबंध को अमान्य या अप्रवर्तनीय बनाती हैं। यदि इन नियमों को पूरा किया जाता है तो अनुबंध को शून्य माना जाता है या लागू नहीं किया जा सकता है।

5.1 शून्य या अप्रवर्तनीय अनुबंधों के लिए शर्तें

कुछ अवैध या कुछ ऐसा करने के समझौते जो सार्वजनिक नीति के खिलाफ हैं, अदालतों में लागू नहीं होते हैं। उदाहरण के लिए, अवैध ड्रग्स बेचने का अनुबंध।

एक नाबालिग व्यक्ति आमतौर पर अनुबंध में प्रवेश नहीं कर सकता है। उदाहरण के लिए, पुरुष के लिए 18 वर्ष से कम और महिला के लिए 21 वर्ष से कम आयु का व्यक्ति।

एक अनुबंध जो अनुचित है उसे लागू नहीं किया जा सकता है। उदाहरण के लिए, एक अनुबंध जो किसी विशेष पार्टी के पक्ष में है, अनुचित और अचेतन पाया जा सकता है, और इसलिए अदालत में अप्रवर्तनीय है यदि

- उपभोक्ता को इसे लेने या छोड़ने के आधार पर एक अनुबंध के साथ प्रस्तुत किया जाता है।
- पार्टियों के बीच असमान सौदेबाजी की शक्ति होती है, जैसे कि जब विक्रेता शिक्षित और अनुभवी हो और उपभोक्ता अशिक्षित हो।

कुछ प्रकार के कार्य बांड, जैसे किसी आईटी कंपनी में एक निश्चित संख्या में वर्षों तक काम करने का वादा या किसी प्रतियोगी के लिए कभी काम नहीं करने का वादा भी अप्रवर्तनीय हो सकता है।

एक अनुबंध को अमान्य करने के लिए धोखाधड़ी और गलत बयानी आधार हैं।

धोखाधड़ी का एक उदाहरण एक पार्टी को अनुबंध से सहमत होने के लिए प्रेरित करने के लिए एक झूठा बयान है।

गलत बयानी किसी भी रूप में हो सकती है

* भ्रामक बयान देना या
* एक बयान में जानबूझकर जानकारी रोकना

जिसके कारण पार्टी अनुबंध के लिए सहमत नहीं हो सकती थी।

कुछ अन्य प्रकार के शून्य अनुबंध इस प्रकार हैं:

* तथ्य की गलती: यदि अनुबंध में ऐसी गलतियां हैं जो तथ्यात्मक रूप से गलत हैं, तो यह इसे शून्य बना सकती है।
* कानून की गलती: यदि अनुबंध का प्रतिफल या उद्देश्य अवैध है, तो यह अनुबंध को शून्य बना सकता है। हालाँकि, अनुबंध का हिस्सा अभी भी मान्य हो सकता है।
* बिना प्रतिफल के करार: बिना प्रतिफल के अनुबंध शून्य होता है।
* व्यापार पर रोक लगाने वाले समझौते: एक अनुबंध जो व्यापार को रोकता है वह अमान्य है क्योंकि वे व्यक्तियों की स्वतंत्र पसंद का उल्लंघन करते हैं।
* विवाह पर रोक लगाने वाले समझौते: ऐसे समझौते शून्य हैं क्योंकि वे व्यक्ति की स्वतंत्रता का उल्लंघन करते हैं, ये उन अनुबंधों पर लागू होते हैं जो किसी व्यक्ति के दूसरे से शादी करने के अधिकार को रोकते हैं।
* कानूनी कार्यवाही में बाधा डालने वाले समझौते: इन्हें अमान्य माना जाता है क्योंकि ये मुकदमा दायर करने की स्वतंत्रता के खिलाफ जाते हैं।
* प्रदर्शन की अनिश्चितता या असंभवता: जिन कार्यों को करना असंभव है, उन्हें शामिल करने वाले अनुबंधों को भी शून्य माना जाता है।
* दांव से संबंधित समझौतों को भी शून्य माना जाता है।

5.2 रद्द करने योग्य अनुबंध

कुछ अनुबंध शून्यकरणीय हैं, अर्थात उन्हें किसी पक्ष द्वारा शून्य किया जा सकता है। जब तक उन्हें शून्य नहीं कर दिया जाता, वे वैध और प्रवर्तनीय रहते हैं। इसमें निम्नलिखित जैसे मामले शामिल हैं:

* स्वतंत्र सहमति का अभाव: ऐसा तब हो सकता है जब किसी एक पक्ष ने स्वतंत्र इच्छा से सहमति न दी हो। इसलिए, यदि पार्टियों में से कोई एक यह साबित कर सकता है कि उन्हें अनुबंध बनाने के लिए मजबूर किया गया था, तो वे इसे रद्द करने का विकल्प चुन सकते हैं।

- दूसरे पक्ष द्वारा अनुबंध के प्रदर्शन की रोकथाम: यदि यह साबित हो जाता है कि दूसरे पक्ष ने पार्टी को अपने प्रदर्शन दायित्वों को पूरा करने से रोका है तो अनुबंध को उस पार्टी द्वारा रद्द किया जा सकता है जिसे रोका गया था।

6

अर्ध अनुबंध

इस अध्याय में, हम भारतीय अनुबंध अधिनियम में परिभाषित अर्ध अनुबंधों की अवधारणा पर चर्चा करते हैं।

6.1 अर्ध-अनुबंधों का परिचय

अर्ध अनुबंध शुद्ध अनुबंध नहीं हैं बल्कि ऐसे संबंध हैं जो अनुबंध के कुछ तत्वों से मिलते जुलते हैं। भारतीय अनुबंध अधिनियम अध्याय 5 में अर्ध-अनुबंध शामिल हैं। ये एक पक्ष से दूसरे पक्ष के लिए दायित्व हैं, भले ही उन्होंने औपचारिक अनुबंध में प्रवेश नहीं किया हो। ये तब गठित हो सकते हैं जब एक पक्ष द्वारा दूसरे पक्ष की कीमत पर लाभ प्राप्त किया गया हो, और प्राप्त लाभ अन्यायपूर्ण हो।

अर्ध-अनुबंधों के कुछ उदाहरणों में निम्नलिखित शामिल हैं:

- एक पार्टी द्वारा प्राप्त आवश्यकताएं जो अनुबंध में शामिल होने के योग्य या अक्षम नहीं हैं, जैसे कि एक पागल या नाबालिग व्यक्ति। एक उदाहरण गंभीर रूप से बीमार या विकलांग व्यक्ति द्वारा प्राप्त कुछ जीवन रक्षक दवाएं या अन्य आवश्यकताएं हो सकती हैं, जो उनके लिए भुगतान करने के लिए बाध्य हैं।
- एक पक्ष द्वारा दूसरे पक्ष को भुगतान की गई राशि, या बकाया राशि की प्रतिपूर्ति।
- सेवाओं के कुछ सामानों का आनंद जो उपहार के रूप में अनावश्यक रूप से नहीं किया जाता है।
- जहां एक पक्ष ने कुछ सामान गिराया या खो दिया है और वे किसी अन्य पार्टी द्वारा पाए गए हैं, जिसकी जिम्मेदारी है कि वह उन्हें सही मालिक को लौटाए।
- किसी पक्ष द्वारा गलती या जबरदस्ती से प्राप्त लाभ। एक उदाहरण गलती से गलत खाते में किया गया बैंक हस्तांतरण हो सकता है।

7

वारंटी

इस अध्याय में हम अनुबंध या अनुबंध के हिस्से के रूप में वारंटी की अवधारणा पर चर्चा करते हैं।

7.1 वारंटी का परिचय

वारंटी एक प्रकार का अनुबंध है, या अनुबंध में मौजूद एक या अधिक शर्तें हैं। एक वारंटी एक विक्रेता द्वारा बिक्री के लिए पेश किए गए माल की गुणवत्ता या प्रदर्शन से संबंधित एक वादा या गारंटी है। यह आमतौर पर सीमित समय अवधि के लिए वैध होता है। वारंटी एक बयान है कि विक्रेता उत्पाद में किसी भी दोष को ठीक करने के लिए क्या करेगा, या विक्रेता क्या करेगा यदि उत्पाद विज्ञापित के रूप में अपनी वैधता की समय अवधि के भीतर प्रदर्शन नहीं करता है। यदि विक्रेता वारंटी का सम्मान नहीं करता है, तो अनुबंध को भंग कहा जाता है।

माल की बिक्री अधिनियम 1930 में निम्नलिखित कहा गया है:

13. जब शर्त को वारंटी के रूप में माना जाए:

(1) जहां बिक्री का अनुबंध विक्रेता द्वारा पूरी की जाने वाली किसी भी शर्त के अधीन है, खरीदार शर्त को छोड़ सकता है या शर्त के उल्लंघन को वारंटी के उल्लंघन के रूप में मानने का चुनाव कर सकता है, न कि अनुबंध को अस्वीकार करने के कारण के रूप में।

(2) जहां बिक्री का अनुबंध अलग नहीं किया जा सकता है और खरीदार ने माल या उसके हिस्से को स्वीकार कर लिया है, विक्रेता द्वारा पूरी की जाने वाली किसी भी शर्त का उल्लंघन केवल वारंटी के उल्लंघन के रूप में माना जा सकता है, न कि अस्वीकार करने के कारण के रूप में माल और अनुबंध को अस्वीकृत के रूप में मानते हुए, जब तक कि अनुबंध में इसका उल्लेख न हो।

(3) इस खंड में कुछ भी किसी भी शर्त या वारंटी की पूर्ति के मामले को प्रभावित नहीं करेगा, जिसे कानून द्वारा असंभव या अन्यथा के कारण माफ कर दिया गया है।

7.2 वारंटी के प्रकार

वारंटी दो प्रकार की होती है: व्यक्त और निहित।

- व्यक्त वारंटी: यह बिक्री के लिए माल की गुणवत्ता या प्रदर्शन से संबंधित एक स्पष्ट बयान है जो बिक्री के अनुबंध का हिस्सा है।
- निहित वारंटी: इसे विक्रेता द्वारा माल के खरीदार के व्यवहार से समझा जाता है।

निम्नलिखित अध्याय में, हम भारत में अनुबंधों से संबंधित एक अन्य महत्वपूर्ण कानून को देखते हैं।

8

माल की बिक्री अधिनियम 1930

इस अध्याय में हम माल की बिक्री अधिनियम पर चर्चा करते हैं, जो भारत में माल की बिक्री से संबंधित कानून को परिभाषित करता है। यह एक और कानून है जो ब्रिटिश भारत में पेश किया गया था और उस समय के ब्रिटेन में इसी तरह के कानून को दर्शाता है।

8.1 माल की बिक्री अधिनियम 1930 का परिचय

माल की बिक्री अधिनियम 1930 माल की बिक्री और स्वामित्व के हस्तांतरण से संबंधित कानून को परिभाषित करता है, जिसमें चल संपत्ति शामिल है, लेकिन भूमि नहीं। यह मुख्य रूप से खरीदारों और विक्रेताओं के बीच अनुबंधों पर केंद्रित है।

THE SALE OF GOODS ACT, 1930

ACT NO. 3 OF 1930[1]

[15*th March*, 1930.]

An Act to define and amend the law relating to the sale of goods.

WHEREAS it is expedient to define and amend the law relating to the sale of goods; It is hereby enacted as follows:—

CHAPTER I

PRELIMINARY

1. Short title, extent and commencement.—(*1*) This Act may be called the [2]*** Sale of Goods Act, 1930.

[3][(*2*) It extends to the whole of India [4][except the State of Jammu and Kashmir].]

(*3*) It shall come into force on the 1st day of July, 1930.

2. Definitions.—In this Act, unless there is anything repugnant in the subject or context,—

(*1*) "buyer" means a person who buys or agrees to buy goods;

(*2*) "delivery" means voluntary transfer of possession from one person to another;

(*3*) goods are said to be in a "deliverable state" when they are in such state that the buyer would under the contract be bound to take delivery of them;

(*4*) "document of title to goods" includes a bill of lading, dockwarrant, warehouse keeper's certificate, wharfingers' certificate, railway receipt, [5][multimodal transport document,] warrant or order for the delivery of goods and any other document used in the ordinary course of business as proof of the possession or control of goods, or authorising or purporting to authorise, either by endorsement or by delivery, the possessor of the document to transfer or receive goods thereby

चित्र: माल की बिक्री अधिनियम 1930 का पहला पृष्ठ

8.2 माल की बिक्री अधिनियम के तहत अनुबंध

माल की बिक्री अधिनियम 1930 एक खरीदार और एक विक्रेता के बीच माल की बिक्री के लिए एक अनुबंध को परिभाषित करता है, जहां किसी वस्तु का स्वामित्व विक्रेता से खरीदार को मूल्य के भुगतान पर स्थानांतरित किया जाता है।

माल शब्द "कार्रवाई योग्य दावों और धन के अलावा हर प्रकार की चल संपत्ति को संदर्भित करता है; और इसमें स्टॉक और शेयर, बढ़ती फसलें, घास, और जमीन से जुड़ी या बनने वाली चीजें शामिल हैं जिन्हें बिक्री से पहले या इसके तहत अलग करने के लिए सहमति व्यक्त की जाती है।"

8.3 बिक्री के अनुबंध में जोखिम और देनदारियों का हस्तांतरण

स्वामित्व और अधिकारों के साथ, आइटम से जुड़े किसी भी जोखिम और देनदारियों को भी विक्रेता से खरीदार को स्थानांतरित कर दिया जाता है। अधिनियम में मौजूदा माल के साथ-साथ भविष्य में स्थानांतरित किए जाने वाले सामान भी शामिल हैं।

माल की बिक्री अधिनियम परिभाषित करता है कि बिक्री का अनुबंध क्या है और अनुबंध से जुड़ी विभिन्न शर्तें। यह विभिन्न मामलों को भी कवर करता है जहां माल दोषपूर्ण है या अनुबंध की शर्तें पूरी नहीं होती हैं। इसमें खरीदारों और विक्रेताओं के अधिकारों के साथ-साथ

क्षतिग्रस्त सामान और नीलामी जैसी विशेष शर्तें शामिल हैं।

9

निष्कर्ष

इस पुस्तक में, हमने अनुबंध के अर्थ, विशेषताओं और घटकों और भारत में अनुबंधों से संबंधित कानूनों, मुख्य रूप से भारतीय अनुबंध अधिनियम 1872 और इसके तत्वों पर चर्चा की है। हमने माल की बिक्री अधिनियम पर भी संक्षेप में चर्चा की है, जिसमें माल की बिक्री से संबंधित शर्तें शामिल हैं।

हमने एक अनुबंध के विभिन्न तत्वों पर चर्चा की है और एक अनुबंध को कैसे रद्द किया जा सकता है। हमने कुछ विशेष प्रकार के अनुबंधों पर भी चर्चा की है जैसे अर्ध अनुबंधों द्वारा निर्मित वारंटी और दायित्व।

एक मजबूत अनुबंध कानून जिसकी शर्तों को लागू किया जाता है, किसी भी देश में व्यापार और वाणिज्य में एक मुक्त बाजार के विकास के लिए आवश्यक है। भारतीय अनुबंध अधिनियम भारत में ऐसी मांग को पूरा करने का कार्य करता है।

यह आशा की जाती है कि यह पुस्तक लोगों को भारत में अनुबंध कानून से परिचित कराने में मदद कर सकती है।

लेखक के बारे में

शिव प्रसाद बोस भारतीय कानूनों के पहलुओं से संबंधित विभिन्न परिचयात्मक गाइडबुक के लेखक हैं। उन्होंने कोलकाता के जादवपुर विश्वविद्यालय से इंजीनियरिंग की डिग्री प्राप्त की और मेरठ विश्वविद्यालय, मेरठ से कानून की डिग्री प्राप्त की। वह उत्तर प्रदेश पावर कॉर्पोरेशन लिमिटेड में कई वर्षों की सेवा के बाद सेवानिवृत्त हुए हैं। उनकी रुचि परिवार कानून, नागरिक कानून, अनुबंधों के कानून और पावर ग्रिड से संबंधित कानून और बिजली राजस्व से संबंधित मुद्दों के क्षेत्र में है।

शिव प्रसाद बोस की अन्य पुस्तकें

वसीयत और प्रोबेट का परिचय: भारतीय कानून के अनुसार

वरिष्ठ नागरिकों से दुर्व्यवहार: और इसे कैसे रोका जाये

पड़ोसियों के साथ समस्याएं: और इनसे कैसे निपटें

अदालती मुकदमों में मानसिक शक्ति बढ़ाएं

परक्राम्य लिखतों का परिचय

विवाह कानूनों का परिचय

पुस्तकों और ई-पुस्तकों को स्वयं प्रकाशित करें

अदालती मामलों में देरी: कारण और समाधान

पेटेंट और पेटेंट कानून का परिचय

संपत्ति कानून का परिचय

टॉर्ट कानून का परिचय

नई दिल्ली में छोटा बंगाल: चितरंजन पार्क गाइडबुक